LUZ DE POSICIÓN

ediciones
cinca

Colección Poesía XXI

N.º 4

1.ª edición: febrero 2026

DISEÑO DE LA COLECCIÓN:
Juan Vidaurre

PRODUCCIÓN EDITORIAL,
COORDINACIÓN TÉCNICA
E IMPRESIÓN:
Grupo Editorial Cinca
c/ General Ibáñez Íbero, 5A
28003 Madrid
Tel.: 91 553 22 72.
grupoeditorial@edicionescinca.com
www.edicionescinca.com

DEPÓSITO LEGAL: M-3401-2026
ISBN: 978-84-10167-82-7

Luis Cayo Pérez Bueno

LUZ DE POSICIÓN

Poesía desunida

ÍNDICE

HIMNO AL DOLOR

Tu santidad anda en boca
de todos

Que purificas
Que limpias
Que corriges lo enfermo, lo torcido, lo humano

Que llenas de lacerante luz las concavidades

Que descubres en nosotros partes que ignorábamos,
Revelando humanidad,

Que ofreces posibilidades de beatitud

Que te debemos la compasión

Que obras y das testimonio de lo mejor

Que hablas en abono del mundo

Pero, si eres santo y los hombres
Te publican,
Si redentora es tu huella
Y supremo dominio ejerces sobre el alma

¿Por qué me envaneces?
¿Por qué eres ocasión de tropiezo?
¿Por qué me concentras en mí?
¿Por qué me apartas de mi prójimo?

No eres bueno dolor
Y no tengo otra cosa.

NO SIEMPRE MIRAR A UN HOMBRE ES UNA DECEPCIÓN

Lo es cuando me veo y no estoy contento
porque no supe multiplicar las reservas de alegría
que se me dieron en dosis

Lo es cuando recibo un favor inesperado
(no mancillado por el deseo)
y no lo agradezco
porque, insensato, pienso que lo merezco

Lo es cuando crucifico y cuando hago mi voluntad

Lo es cuando no soy suficientemente bueno
y busco y encuentro argumentos
(¡qué no justificará la razón!)
para no dar la limosna que necesita mi prójimo

Lo es cuando derroto a otros que son mejores que yo.

Lo es cuando…

Lo es cuando, sombrío, no afirmo la religión de la vida

A veces me miro en el espejo
Y no me avergüenzo.

Me agrada pensar que en esos instantes Alguien
traza mi nombre en el Libro de la Vida.

FRUITS DE MER

No por la doctrina,
No por la somera lámina que alcanza casi la superficie
de mi pena

No por las enseñanzas de tu cristal sin tiempo
(acumulado, retenido)
ni por el alfabeto inútil de movimientos que no sé
descifrar

Nada me dices, en nada me conmueves,
Ejercicio líquido de lo idéntico

Solo por una cosa te frecuento,
Acudo a tu orilla indiscernible
Como pétalo mudo de aire
Porque con desgana me reflejas,
Mi semejante,
Mi hermano.

CUARTO MANDAMIENTO

Tarde se revela la verdad profunda
de los deberes antiguos.
Resecos y yertos considero mandatos
que saturaron de observancia las vigilias de muchos.
Que su tiempo ha pasado
y que no nos conciernen.

Pero la verdad no cesa,
persiste más allá de nuestro derogatorio olvido
Indemne al tiempo,
se acostumbra a los años y te avisa
y te pinza
cuando ya corregir no es posible,
como si esperara

La vemos
(la verdad profunda)
en la infracción y en la tacha

Cómo no ver, cómo no vi
el sostenido milagro de mi padre

Cómo no honré (obligado estaba y era tan sencillo
y tan debido)
cómo no celebré su atenuada presencia,
que nunca incurrió en la vanidad de llamar la atención
Estaba, meramente, por derecho,
Como la piedra básica y el fuego inmemorial

Por sólito, por constante, por decente,
Alcé mi altar y salmodié mi plegaria ante otros dioses
De fe dócil y piedad fácil

Clausura fui
Ciego al milagro y a la señal

por qué antepuse la cuota de mezquindades que
a todos nos toca
por qué juzgué lo que estaba fuera de todo juicio
y causa

Practiqué el orgullo del huérfano
Que se complace en el padre difunto

Por qué no vi, como veo ahora,
Cuando ya es pasado el tiempo,
Y los hechos son metales,
Por qué no sentí, tan pródigo a sentimientos sutiles,
La conciencia de un vínculo que no agota la palabra
sagrado

Paternidad: ejercicio sereno de la sangre

El milagro y la señal no tocaron mi vida

Clausura soy:
Nadie me habrá de llamar padre

IMAGINARIA

Despierto, alerta
por si pasa la vida

En vela, insomne,
pasó la vida

ESPERO QUE VUELVAS
(BOLERO)

A Dolores Palacios.

Las flores que cortaste agonizan en el vaso,
La roja guía marca la página del libro que acaso
Leíste y cuyas hojas pasabas con la suavidad de una
sonrisa
Las ventanas echadas del cuarto que nos vio,
Murallas levantadas contra la brisa,
Se parecen a mis ojos,
Cerrados para no ver que estoy solo

Una pena más ancha que el mar
Me dice que te has ido
Que te fuiste por un sendero perdido
Que no frecuenta la felicidad

Por las noches mi sordo dolor velo
Mientras mis labios huérfanos
Dejan escapar suspiros de anhelo

Espero que vuelvas
Quiero que la luz de tu presencia alumbre mis horas
Que la felicidad sea mi rutina diaria
Que tu silencio, el ruido de fondo de mi
pensamiento
Que la separación sea solo la herida imaginaria
En la que, desocupado, se divierte mi aburrimiento

Que la soledad de mi lecho
No sea más que una pesadilla breve
Que acuda a mi pecho
La maravilla de tus manos
Que la vida me devuelva lo mucho que me debe
Que nuestros rostros estén cercanos

Espero que vuelvas
Sin ti, mis tardes son tupidas selvas
De pesares y lamentos
Que se alargan lentos
Como solo el dolor sabe

En mi corazón, un único deseo cabe

Espero que vuelvas
Quiero que la luz de tu presencia alumbre mis horas
Que la felicidad sea mi rutina diaria
Que tu silencio, el ruido de fondo de mi
pensamiento
Que la separación sea sólo la herida imaginaria
En la que, desocupado, se divierte mi aburrimiento

Una pena más ancha que el mar
Me dice que te has ido
Que te fuiste por un sendero perdido
Que no frecuenta la felicidad

Espero que vuelvas...

EL MILAGRO DEL HOMBRE JUSTO (HOMENAJE A ALBERTO ARBIDE)

Cuando la delicadeza de trato
No es un cómodo hábito adquirido,
Sino un noble arranque al que el recato
Secuestra tras un discreto vestido.

Cuando el bien se hace sin aparato,
Frágil animal que teme ser sentido.
Cuando el prójimo nunca es un mal rato
Sino vecindad de tiempo abolido.

Cuando el alma abarca remotas regiones
Cuyos mapas son de la vasta medida
Del firmamento. En esas ocasiones,

Un milagro sucede. Nada impide
Entonces declarar: No, no es la vida
Avara, ha dado a Alberto Arbide.

MAQUINACIONES PARA ALTERAR EL ORDEN DE LAS COSAS

Este arduo ámbito de cosas profusas
en orden o que aparentan un orden
—¿a qué el infundio tamaño (desorden
de la verdad) de que las muy confusas

cosas observan un orden?—, el mundo,
me causa, severo, tanto incomodo
tan de continuo que maquino el modo,
a despecho de su vigor rotundo,

de alterarlo. Mudar los días hoscos,
con sus horas sañudas, y los torvos
amores, mi propósito presente.

Indispuesto con los otros (estorbos
de mi paz), conmigo en el trato hoscos,
urdo y no doy con el expediente.

VISIÓN APENAS DE LA FELICIDAD RETICENTE

Algo que supimos ya en el olvido,
Una incierta alegría sin motivo,
El vivo sentimiento de estar vivo,
Algo bueno que espero y que no pido.

Gratitud por lo aún no recibido,
Fe dudosa pero fe en el esquivo
Hoy y en el momento decisivo.
Un conato de belleza cumplido.

Que esto sí la Felicidad ha sido.
Pero yo vacilo, su más que altivo
Designio ignoramos. No existe archivo
Que guarde memoria de lo vivido.

Te invocamos a ti, Felicidad,
Y vendrás como frágil claridad.

LA BUENA BATALLA
(APRECIACIÓN DE JULIÁN BARRIGA)

He peleado la buena batalla.
II Epístola a Timoteo IV, 7.

No es fácil decir cuál es la buena:
la de la amistad, que nos reduce a uno;
la del alma, que recta nos condena
a los otros; la del inoportuno

amor, que se divierte en la amena
destrucción del límite que soy. Alguno
dirá que la correcta es la serena
aceptación del mundo. Si reúno

las posibilidades infinitas,
no es arduo escoger una. Si digo
las preferibles, más, las favoritas,
tan solo sé decir la del amigo,
tan solo sé decir: Julián Barriga.
Solo le falta una cosa: que siga.

SANGRE GRATA
(SONETO A LOS VINOS DE NAVARRA)

A Máximo Abete.

Un amigo antiguo nos acompaña,
Surtidor permanente de alegrías.
De rojo fulgor tiñe la maraña
Larga que anudan los humanos días.

Líquido como la sangre discurre
Por la trama incesante de las venas
Obrando júbilos, borrando penas.
Así eres, Vino, por ti todo ocurre.

Tu nombre es fiesta, suavizas el mundo,
A los hombres haces mutuos hermanos.
Manifestando un anhelo profundo,

Como oro circulas entre las manos.
La saña del tiempo, su fiera garra
Son menos con los vinos de Navarra.

CUANDO LLEGUE EL MUNDO PERFECTO

Cuando llegue el mundo perfecto, yo no estaré ahí.

IMITATIO CHRISTII

Ningún tormento puede compararse al de Jesús.

J.-K- Huysmans

No en lo bueno, en lo santo,
No en la vida recta, en la contradictoria doctrina,
No en el perdón ilimitado, en la ausencia de ofensa,
No en la inhumana pureza, con efectos de cuchillo,
Sí en el dolor,
En el dolor que siento,
Ni Cristo en su Cruz sufrió más.

ARGUMENTO PARA UN CUENTO AL MODO DE HENRY JAMES

Un escritor se propone escribir la obra que lo justificará ante sí y ante el mundo. Conoce sus fuerzas, y sabe que ha sido llamado. Sin especial vanidad, como quien cumple un deber, ingrato, acepta serenamente su destino. Los intentos no cuajan. Su aguda conciencia le dice que no, que sus sucesivos conatos no están a la altura de la llamada. Su fe en sus dotes se quiebra. Cree haber sido víctima de un engaño; no ha podido hacer frente a la prueba suprema de su vida. Renuncia a la obra justificativa. Sin conciencia de autor, por puro alivio físico, escribe su desesperación. Termina su lamento. Ahí acaba irrevocablemente su comercio con la literatura. En esas cuartillas últimas, escritas sin pensar y en las que nunca reparará, está su justificación. El escritor se ha salvado, pero no lo sabe.

SANS SOUCI

A David de la Fuente Coello.

Desatender quiero
el mundo
que me solicita con halagos.
Desoír estos reclamos:
el amor, pródigo
en promesas,
y que ocupa
y que surte de penas;
la lisonja de la amistad,
que me persuade de que soy digno de los demás,
cuando ostensiblemente no lo soy;
la palabra, y aun la más elevada,
señaladamente la más elevada,
que parece aplacar, pero no aplaca la saña de los días;
la razón, ese orgullo,
que no sabe dar razón de mí;

la carne y su jubiloso comercio, que deparan tristeza;

la sucesión de las horas,

que me consiente albergar esperanzas.

Quiero

en la memoria introducir olvido.

Borrar aquel trabajo de amor

que turbó deliciosamente

y cuyo recuerdo quise indeleble;

el concurso de los amigos, la suavidad de su plática, la

dicha de ser admitido;

cierta tonada, este libro,

que fueron en verdad lenitivos,

el goce de saberse capaz de trabar un juicio, el goce de

haber comprendido o de creer haber comprendido;

aquella boca y su lumbre,

aquella tarde en que no me acometió la tristeza;

tantas elegantes esperanzas.

Desatender quiero el mundo, esa inquietud, perder todo

cuidado, pero me va en ello la vida.

SUGESTIONES PARA UNA VIDA DECENTE

Que sea tu voluntad saludar y celebrar todas las mañanas del mundo;

Que aciertes a dar las gracias antes de haber recibido siquiera;

Que sepas ver en los demás una ocasión propicia y una surtida promesa;

Que el único afán de abundancia que te espolee sea la del corazón;

Que descanses a veces de ese trajín del yo, tan absorbente, que no es lo único ni lo más valioso que tenemos;

Que tomes cada uno de tus días como un tiempo de sugestivas realizaciones pendientes;

Que resultes acreedor no de la serenidad de la quieta
paz, sino de la que procura librar la buena pelea;

Que aceptes el asiduo fracaso como una victoria
aplazada que simplemente no se te ha revelado
todavía;

Que ejercites tu libertad sabiendo que es el respeto que
Dios y los otros te tienen;

Que invoques y te acojas a menudo al recinto sagrado
de la amistad;

Que móvil perpetuo en el tráfico amoroso, adenses y
multipliques la comunidad de afectos;

Que tu esperanza tenga tamaño, aunque sea minúsculo;

Que adquieras la certeza de que habrá cosas atroces,
pero nunca insoportables;

Que puedas decir incluso: no siempre la felicidad, sino algo aún más alto;

Que acumules, en fin, la suma de experiencias posibles, por otro nombre plenitud.

GRATITUDES

Esa suerte de plenitud que proporciona el descuido del
absorbente yo;

la súbita revelación, no buscada, de que los otros son
menos un inconveniente o un fastidio que una pródiga
oportunidad y siempre una compañía;

la serena aceptación del mundo, esa contrariedad ya
casi familiar;

la gratitud incesante por el amor, que es impropio pedir
pero que aguardamos nos alcance en todo momento;

la rara y hasta la corriente amistad, que no tiene razón
de ser pero que poderosamente es;

la sensación, ilusoria acaso, de que en ocasiones
estamos justificados, sin haber hecho nada;

el descubrimiento de que la perplejidad es tan o más
cómoda que la robusta certeza;

la convicción insobornable de que, si no somos
responsables, seremos culpables;

eso y muy poco más;

esos son acaso los exiguos retazos de dicha a los que
podemos aspirar, pero nada nos falta si llegamos
a rozarlos;

espejean nuestra vida y la orientan por sendas de
creciente decencia.

Gracias por contribuir a ese fulgor y a esa luz; sigue
avivando la llama.

CAJA DE DESEOS: ALBARÁN

Que todos sepan verte y apreciarte como un factor de mejora.

Que tu trato sea una larga fiesta de amigos que no deja reseca.

Que esperen todo de ti, con fe firme, sin que les hayas dado, ¡ay pobre!, prueba alguna.

Que aprendan a mirarte como nos miran los dioses, como algo delicado y precioso que se termina queriendo, mercancía frágil que hay que tratar con cuidado.

Que incluso la felicidad se te quede corta y seas exaltado a lo más alto, que ignoras pero que no temes.

Que no sea otra tu misión, esforzada pero jubilosa, que la de embellecer y adecentar el mundo a tu paso.

En guardia, alerta; estás de imaginaria, por si pasa la vida, para que la atrapes.

Pasará la vida, vaya si lo hará, porque la llevas contigo, en abundancia.

LA POBREZA NO ES VILEZA

Porque a los pobres siempre los tendréis con vosotros,
pero a mí no siempre me tendréis.

Mateo 26,11

La pobreza llama a su puerta. Pero no cualquier clase de pobreza, esta está domesticada, pues se practica en el domicilio y en ciertos días de la semana, los sábados. El escándalo que es toda pobreza aquí se intenta adocenar al someterla a programa y calendario, al hacerla predecible y previsible. Se vuelve tolerable al ofrecerse en dosis. La privación se torna, paradoja, en posesión, que los pudientes señores administran como un bien, como un quehacer más. La pobreza ordenada y concertada se aburguesa. Los pobres se instrumentalizan, son condición para el ejercicio de la piedad de los ricos. Sin embargo, la mendiga, la pordiosera (la que pide por Dios) conserva, revestida de harapos, una cierta dignidad intangible; de algún modo incógnito, pertenece al orden de lo sagrado, y ahí reside su poder. Se queda en el umbral del piso principal, no pasa del descansillo, así no mancilla la casa señorial, pero tiene un derecho inmemorial a aparecer, a mostrarse, a tiempo y a destiempo, a importunar siendo eternamente oportuna. El signo de contradicción que es siempre la miseria se deja sentir. Virtud acrisolada, ideal de vida, voto ineludible para aspirar a llevar existencias superiores, sí, cuando es elegida; pero también y, al tiempo, oprobio y desolación, lacra y castigo, impropiedad, cuando es forzosa. La pobreza debe ser cancelada, arengan los filántropos; la pobreza es criminal, apostrofan los reformadores sociales, pero la salvación personal se vincula con la práctica de la austeridad, del desprendimiento, de la renuncia incluso a los bienes terrenales. Salva y condena, dignifica y avergüenza. Es esto y es lo otro, se niega y se afirma a sí misma; su lógica incognoscible agota y pierde la razón más sólida. Siempre nos acompañará, al decir del Evangelio, lo que parece declarar como presuntuosa y vana cualquier tentativa de suprimirla. Pero no es la victoria lo que sanciona las buenas peleas. Se ha de recrudecer la lucha, aunque de antemano se sepa que es batalla perdida. La derrota segura no debe sino enardecer al combatiente. La pobreza, ironía, no es vileza, pero hace viles a quienes no la sufren. Es sábado, ha tocado a nuestra puerta, nos aguarda. ¿Abrimos?

La pobre de los sábados, 1885, de José Martí y Monsó, óleo sobre lienzo, Museo Nacional del Prado.

Este libro se acabó de imprimir el 6 de febrero de 2026,
tiempo de emergencia lírica y, como todas, mala época
en la que vivir.